Vivir peor que nuestros padres

Azahara Palomeque (El Sur, 1986) es escritora, periodista y doctora en Estudios Culturales por la Universidad de Princeton. Es autora de los poemarios *American Poems* (2015), *En la ceniza blanca de las encías* (2017), *RIP (Rest in Plastic)* (2019) y *Currículum* (2022), así como de las memorias *Año 9. Crónicas catastróficas en la era Trump* (2020). Es también colaboradora habitual de *La Marea* y *El País*.

Vivir peor que nuestros padres

Una generación sobradamente preparada se enfrenta a la persistente realidad de trabajos precarios, sueldos bajos y condiciones de vida peores que las de sus padres. *Millennials* frente a *boomers*. Además, en el lapso temporal que separa a unos de otros no solo se ha perdido cualquier atisbo de estabilidad laboral, sino que también se ha recrudecido una crisis climática que amenaza la idea de progreso sostenido. ¿Por dónde tirar ante la falta de certezas económicas y medioambientales? ¿Cuál es la solución? Este conciso ensayo propone repensar el presente e imaginar otro futuro.

Azahara Palomeque
Vivir peor que nuestros padres

editorial anagrama

Primera edición: mayo 2023

Diseño de la colección: lookatcia.com

© Azahara Palomeque, 2023

© EDITORIAL ANAGRAMA, S. A., 2023
    Pau Claris, 172
    08037 Barcelona

ISBN: 978-84-339-0514-7
Depósito legal: B. 250-2023

Printed in Spain

Liberdúplex, S. L. U., ctra. BV 2249, km 7,4 - Polígono Torrentfondo
08791 Sant Llorenç d'Hortons

Para mamá, dos orígenes en uno

Para Jorge Riechmann:
tiempo de descuento mirando a los cerezos

Pulgarcitos

I saw the best minds of my gene-
ration destroyed by...

ALLEN GINSBERG

Hace muchísimo frío. En apenas una semana hemos pasado del veroño en pleno noviembre a unas temperaturas casi gélidas arrastra-
das por el vórtice polar, esos vientos del Ártico
que ya no corren en círculos porque les hemos
estropeado su equilibrio, así que se desvían,
juegan al oleaje desbocado y, de repente, des-
cienden bruscamente hacia latitudes insos-
pechadas, y nos congelan las manos. «Pero en
casa no se fuma, que lo estoy dejando, y luego
huele muy mal», me dice Jorge. Él, que se lo
fumó y se lo bebió todo cuando aún éramos
miembros legítimos de esa cultura del bote-
llón que se resiste a morir, ahora finge hacerse
el adulto respetando los interiores, pero con
una litrona y un porro en la mano: en el fondo,

no hemos cambiado tanto, el único problema es que ya rozamos los cuarenta. En la terraza antiquísima del piso de sus abuelos –muertos hace poco– cae la helada como si viviésemos en Suecia, aunque estamos en Badajoz. Pero dentro no se fuma, ok; las manos refugiadas en guantes que no abrigan asen cigarros a la espera de que rule la bestia, y ha llegado la hora que todos esperábamos, el momento de hacer balance y rememorar nuestras trayectorias con motivo de mi regreso definitivo de Estados Unidos, o con motivo de que es fin de semana, qué más da, no hemos perdido tanta capacidad pulmonar, nuestros hígados aún siguen funcionando y, entre calada y calada («es maría buena, al menos eso me lo puedo permitir»), el reloj se enfrasca en una espesa marcha atrás y van surgiendo biografías fantasmagóricas que se reflejan en las baldosas pulcramente instaladas hace sesenta años, antes de la obsolescencia programada: por eso todavía resisten. Jorge vive allí con Adela, su pareja, felices por ahorrarse el alquiler. En realidad, es una casa que dividieron en dos apartamentos y el de abajo lo ocupa su prima; comparten la terraza, para regocijo de las mascotas. No piensan tener hijos porque no le encuentran sentido y, además, Flecha, la gata que Adela rescató de la calle, se pondría bastante celosa.

«Teresa, ¿te acuerdas de ella?» Hizo Turismo y Humanidades, y después un máster; se largó de *au pair* a Inglaterra para aprender inglés y, cuando regresó, la contrataron en uno de los mejores hoteles de Castellón, donde le sacaban el zumillo doce horas al día por unos 1.600 euros brutos. «No ganaba mal», dicen, pero el día en que giró la llave de su apartamento a las once de la noche y se encontró con que el único alimento que le quedaba en la nevera era una cebolla podrida porque su horario era incompatible con el de cualquier supermercado presentó su dimisión, empezó de cero, se marchó a casa de sus padres a estudiar oposiciones y ahora da clases como profesora interina en un instituto perdido de la sierra. A Rodrigo le fue mejor; lo contrataron en un sindicato a tiempo parcial después de estudiar dos carreras y recorrerse América Latina cultivando huertos orgánicos y ayudando a las comunidades indígenas a organizarse para luchar contra las multinacionales: gracias a que sus padres le han cedido un viejo ático (antes trastero), sobrevive con medio salario. Carmen se quedó también con el piso de sus padres, pero porque estos se mudaron a la casita del campo, y Laura, su hermana, tras especializarse en arte dramático en una escuela no homologada y luego hacer un curso de sumiller, anda poniendo copas y se instaló en otro cubículo abandonado, uno que perteneció a su abuela. Rafa, ¡lo de Rafa sí fue impresionante! Premio de fin de carrera, arquitecto, hizo las prácticas en Alemania y, durante un tiempo, estuvo empleado en una empresa allí, pero se hartó de aquel país tan desabrido y ahora está preparando oposiciones de secundaria. Lorena se fue a Madrid; estaba predestinada a convertirse en estrella del periodismo radiofónico, hasta que un día cenando me dijo lo siguiente: a los veinticinco aguantas ganando poco más que un becario, por la ilusión del principio; a los treinta exiges algo más y, a cambio, asumes responsabilidades que conducen a datos gloriosos de audiencia, premios y reconocimiento del público; a los cuarenta te das cuenta de que tu jefe, cuyo único mérito es haber nacido un cuarto de siglo antes que tú, te pisotea descaradamente por el miedo a que le hagas sombra, odia los dos másteres y los tres idiomas que acumulas más que él, y te sugiere amablemente que te vayas a gozar el aire caliente de la puta calle sin más motivo que la envidia. Lorena se marchó a una empresa de pódcast y, aunque el cambio le ha costado varias sesiones de terapia, respira medianamente complacida: escribe guiones, se encarga de la documentación, pero su sueño de ser una voz de referencia en la radio española se lo arrancaron de cuajo: demasiado espabilada.

Jorge tose. La bocanada de aire marihuanero parece habérsele escurrido por el conducto errado; mientras se aclara la garganta recuerda sus años estudiando ADE, cuando solo pensaba en ser bróker de bolsa, época dorada en que jamás vaticinó acabar como administrativo gracias al enchufe de la madre de una amiga; antes fue conserje del ayuntamiento por oposición, clasificador de medicamentos para una empresa que los distribuía a hospitales y farmacias, y youtuber fracasado. «Pues no te quejes», comenta Adela. Veintitantos años currando en la boutique de su madre: «Ella ya sabía que estudiar no servía para nada, así que no me dejó ni hacer la selectividad». En cambio, la retuvo en la tienda sin darla de alta en la Seguridad Social hasta que fue muy obvio que la muchacha era mayor de edad y algún inspector podría descubrir el fraude. Cuando explotó la burbuja inmobiliaria, le bajó el sueldo a 700 euros mensuales; siempre ha cotizado por ella lo mínimo. «Pero a mí cámbiame el nombre para tu libro, que, como se entere mi madre de que te he contado esto, me mata.» Además, ha sido la única que nunca libó las mieles del paro y, por momentos, se muestra muy agradecida, a pesar de las complicaciones médicas que le genera el agotamiento. «Oye, ¿y tu vecina? ¿No era ingeniera agrónoma?» Efectivamente. Cursó también enología, luego un doctorado, curró en Florida, después en unas bodegas de Valladolid, y acabó de auxiliar de algo aquí, en la universidad, con una jefa que, de tanto maltratarla, la envió derecha al hospital: ataques de pánico. Todo eso es cierto, aunque lo que motivó su regreso a Extremadura fue que su padre enfermó, quería cuidarlo, y luego ya no se pudo incorporar al entramado empresarial del vino en plena crisis. «También sirve, Azahara», argumenta Jorge, tras darle un sorbo a la botella de cerveza.

De acuerdo, incluyo a Vero, pero da lo mismo. Quería decir que esta es la historia de una generación castrada y es indiferente cuántos ejemplos ponga: los números salen en los periódicos, somos la estadística que no da tregua y apenas nos mantiene vivos la compañía de las fábulas que vamos hilvanando en torno a una noche temblona de descenso térmico que nos aporta la calidez de la afinidad y el roce seguro de la amistad nunca interrumpida a pesar de los lustros transcurridos desde que nos conocimos, una libérrima madrugada de la feria de San Juan. «Eso no lo pongas; de castrado, nada.» Bueno, pues somos la generación más estéril y mejor preparada de la historia, coleccionista primero de expectativas y luego de frustraciones, que habita viviendas prestadas o se desuella la carne en alquileres abusivos, eternamente infantilizada aunque ya peinemos canas. «Eso me gusta más, ¿te acuerdas de cuando cambiaron la edad para el carné joven? Ahora es hasta los treinta.» Somos la generación que se largó, creyó que conquistaba el mundo, contrajo la depresión estacional varias veces y, cuando se hartó de no ver jamás el sol, regresó a las faldas calientes de los antepasados inmediatos sin saber si debían cuidarlos o pedirles una limosna. «Para tener que aguantar ahora el vórtice polar, tiene guasa.» Somos un callo en la teleología del progreso, un trozo de hueso en la sopa o un tropiezo en el camino, elijan, pero firmemente convencidos de que *emosido engañado* y, sin creernos ya la farsa, van escaseando los clavos ardiendo a los que agarrarnos. «Tía, no del todo. ¿Sabes quién triunfó de verdad? El Robe, que se hizo poli. Vive de puta madre.» Somos los pequeños desvalidos de la Ley Mordaza, teléfono en ristre para las manifestaciones a las que no acudimos porque vivimos en provincias para ahorrar en los bares ya que en la factura de la luz es imposible. «Eso mola más, pero si quieres que el libro te lo lean en la capital deberías quitarlo.» Qué va. Somos la libertad cuajada en la sorpresa del número ascendente de pólizas de seguros sanitarios privados, por si la pública depauperada no nos cubre esta angustia, el malestar de habitar un universo diametralmente opuesto al que nos habían prometido, la contradicción entre el amor que sentimos por quien hizo esas promesas y el resquemor que hacia los mismos proyectamos debido a sus mentiras, nunca intencionadas. «Tu madre te va a echar de casa, Azahara; eso tampoco lo puedes decir.» Vale. Somos un caminito de migas de pan, Pulgarcitos, y como la crisis de biodiversidad no parece haber llegado hasta aquí y todavía no ha matado a las aves, pues se las comieron. «No te pases.» Pequeños personajes de cuento. Gnomos, ¡campanillas! «No está acostumbrada a fumar hierba.» Peregrinos rumbosos. Cosquilleo insano en las tripas del desarrollismo que mutó en pelotazo, náusea tibia de la Transición, arqueólogos avispados que bucean en las ruinas de la flamante democracia y miden los bocados de sus peldaños rotos, y el perímetro de las mandíbulas que los partieron, vómito crepuscular de la posmodernidad, irrisoria calamidad siempre a la moda. «Déjala, está borracha.»

Fin de fiesta

La fiesta terminó [...].
Todos los invitados se llevaron consigo
un trozo de la fiesta, como el que arranca
piedras de un bello templo griego.

ROSA BERBEL, «Saquear el templo»

Empecé a escribir este libro seis meses después de haber retornado al origen tras residir casi trece años en Estados Unidos y os puedo asegurar que no estaba previsto. En mi cabeza, andaba macerando un ensayo largo y también fantaseaba con la idea de publicar una novela, pero nunca creí que necesitaría escribir antes un texto breve, casi un grito, sobre algo que, no obstante, venía rumiando durante buena parte de mi etapa migratoria y se hizo más evidente al pisar suelo patrio y volcarme con avidez a los reencuentros. Qué había ocurrido con mis amigos, los que no se marcharon; qué fue de los que huyeron a otras latitudes y concluyeron, como yo, que no valía la pena tanto desarraigo; a través de qué prisma en blanco y negro oteaba el futuro la gente que ahora tenía la misma edad que yo al partir, veintipocos años, y por qué todos parecían depender en modo extremo de los progenitores, mientras se afianzaba el abismo de la incomprensión justo en el hueco forjado entre las distintas cartillas de nacimiento. Así, me topé con el término *generaciones*, al que he reservado a menudo altas dosis de escepticismo. No suelo encontrarme del todo a gusto refiriéndome al vocablo *generaciones* porque difumina particularidades de clase, raciales, geográficas... y, en un ejercicio estereotipador, suele arrojar a un montón de gente a un mismo saco, donde quizá pelean por distinguirse, con más ahínco si cabe en esta era del individualismo exacerbado. Es, por tanto, inexacto y a ratos un poco traicionero, además de encontrar una mínima recepción entre las personas a las que engulle. Sin embargo, dada la situación planteada, esta vez me parecía necesario recurrir a ese concepto, porque sirve al propósito de amarrarnos a la historia, con hebillas frágiles y siempre revisables, pero firmes portadoras de un calendario por el que transcurren hitos innegables cuyas consecuencias macro y microeconómicas tantos conocemos, como la crisis de 2008, que marcó un antes y un después en nuestra concepción del mundo y su horizonte de futuro, y las que han venido después. Por ello, he decidido hablar de una generación, los *millennials*, a partir de la cual las certezas, ya relativamente maltrechas, se acabaron de resquebrajar, y de otra generación, la de los *boomers*, para quienes, mientras crecían y maduraban, mayoritariamente el universo se levantó como un escenario anclado al progreso que prometía avances en su calidad de vida.[1] Como me contó en una ocasión el científico británico Dave Goulson, especializado en salvar abejas de la debacle medioambiental: «Quizá nacer en los años sesenta, en el mundo desarrollado, es lo mejor a lo que podíamos aspirar. Porque nuestras vidas mejoraron [sonrió], la calidad de vida, la esperanza de vida, todo mejoró y, de repente [frunció el ceño, pensando en sus hijos], eso es cuestionable. Hay muchos estudios que afirman que las cosas están empezando a desmoronarse un poco».[2] Has-

1. En términos generales, se considera *boomers* a quienes nacieron entre 1945 (el final de la Segunda Guerra Mundial) y 1965. Los *millennials* son aquellos nacidos entre los años 1982 y 1995. Dependiendo de las fuentes, existen variaciones menores en cuanto a las fechas.

2. Entrevista en *Climática*: «Dave Goulson: "Me han atacado llamándome 'científico activista', pero yo estoy orgullo-

ta algunos *boomers* atestiguaban sin complejos que sus veredas habían sido labradas en dirección ascendente; no necesariamente fáciles, pero sí entregadas a las oportunidades que recompensaban los esfuerzos y los hacían vislumbrar paisajes más halagüeños. Hasta ellos advertían, entonces, que nuestro camino, por muy benévolo que nos lo hubiesen desbastado al principio, se había transformado en una espiral en picado hacia las fauces abiertas de algún monstruo mitológico. Y esas palabras provenían de un investigador que se considera a sí mismo activista climático: todo mejoró, quiso decir, menos el cuidado de la biosfera, transformada en vertedero para quienes desembarcamos unas décadas más tarde.

Cuando un templo se cae por la acción del tiempo, una detonación o un fenómeno meteorológico extremo, los ripios que va tejiendo la alfombra de destrucción bajo nuestros pies pueden ser increíblemente bellos; a veces, hasta contemplamos alguna columna que sigue erguida, impasible, como indicándonos que allí se condensó la gloria de una civilización no

---

so de serlo"», <https://www.climatica.lamarea.com/dave-goulson-cientifico-activista/>.

merecedora de tal fin. Así, algunos miembros de mi quinta o más jóvenes pueden sentirse tentados a adorar esas esquirlas, a llorar las teselas muertas de un pasado que les infunde veneración y trasladarlas al museo de la nostalgia de su infancia. Pero ocurre que jamás vamos a conocer el templo en su esplendor; los rezos que se erigían en ecos y retumbaban en los oídos de los fieles satisfechos no regresarán a amasar nuestra fe y a moldear, a través de la liturgia, el tapiz colectivo de nuestras almas; eso no va a pasar. Por el contrario, puede darse el caso de que quienes se han visto obligados a masticar ruinas les reprochen a quienes dinamitaron los templos –en el caso de una guerra, por ejemplo– la falta de comida, tierra arable o directamente de dioses; en ocasiones, los dos fenómenos se producen al unísono: lamentamos no tener a quien rezar, pero nos gustaría idolatrar a las deidades de antes, a pesar de saberlas indefectiblemente erradicadas de los altares. De cualquier manera, lo que es incuestionable es el derrumbamiento; de aquí partimos y debemos buscarnos las habichuelas a partir de las virutas de lo perdido, obligados a convivir con los perpetradores, en mayor o menor medida, del desastre, a quienes muchas veces amamos –son nuestros padres–; aquellos que, para rizar el rizo, fueron educados en la ideología ya obsoleta de la deflagración que solo reparte inmundicias aunque ellos, aún en proceso de desengañarse, no siempre acierten a reconocerlo. He ahí uno de los grandes dilemas de la contemporaneidad: cómo sanar los vínculos y acuñar otro tipo de comunicación que no conduzca sin remedio a la incomprensión, a la desavenencia airada; de qué forma hacerles y hacernos ver que el crecimiento económico infinito no se sostiene y el planeta está en llamas; qué verbo habremos de conjugar a la hora de explicar que en la nueva economía *gig* los currículums apenas sirven para sacar unos centímetros la cabeza de la marejada y escapar del ahogamiento pero no para elevar hogares y familias, pequeños emporios antaño posibles; cómo contarles que hicimos prácticamente todo lo que nos dijeron –fuimos obedientes– y la fórmula ya no funciona porque las reglas han cambiado. Esta historia apunta, por tanto, a una mudanza de paradigma, con la dificultad añadida de que los ingredientes que poseemos para tal vuelco son los antiguos, demolidos: una escombrera ahíta de cariño y resentimiento a partes iguales.

Más o menos desde la llegada del neoliberalismo, con Thatcher y Reagan a la cabeza, los gobiernos occidentales se dedicaron a desmantelar aquellos servicios públicos y sociales que habían servido para elevar el nivel de vida de la clase obrera desde, aproximadamente, la década de 1930 en Estados Unidos, el fin de la Segunda Guerra Mundial en Europa y los albores de la Transición en España. Este proceso ocurrió en paralelo a una bajada de impuestos tanto a las clases más pudientes como a las grandes empresas, y dio como resultado un incremento de la desigualdad social, traducido asimismo en el encarecimiento de bienes de primera necesidad, como la vivienda, y el estancamiento de salarios, creando una tendencia que se recrudeció con las políticas de austeridad implementadas tras la crisis de 2008 y extiende sus tentáculos hasta ahora. Al injusto reparto de la riqueza, sima cada día más infranqueable, y al aniquilamiento deliberado a que están siendo sometidos los Estados del bienestar occidentales –una sanidad en proceso de descomposición, que si no ha sucumbido ya en países como España es gracias a las huelgas que de cuando en cuando se suceden– debe sumársele el desmantelamiento del trabajo u otros méritos como herramienta para salir de la pobreza. Si bien los empleos basura han existido siempre, hace unas décadas uno podía atesorar la más o menos sólida certeza de que el trabajo otorgaba estabilidad vital, anclado a unos derechos laborales conquistados por las muchas luchas obreras, y sometido a algunas reglas, como la asociación entre productividad y sueldo –que, según muestra David Graeber, dejó de darse a partir de la década de 1970–,[1] y el hecho de que, cuando se cimentaba sobre un título universitario, ese trabajo generaría incluso mayores réditos y sería difícil de perder. La educación pública barata y un sistema de becas que cubría gran parte de los gastos permitieron a muchos hijos de familias humildes acceder a puestos de calidad, esos hijos que después se reprodujeron y transmitieron a su prole unos valores entonces vinculados a la experiencia y ahora hechos trizas. En 1998, el sociólogo estadounidense Richard Sennett, casi un visionario, ya apuntaba a un problema en su país que acabaría transformándose en ubicuo unos años más tarde. En el libro *La corrosión del ca-*

1. En *Bullshit Jobs*, Simon & Schuster, Nueva York, 2018. (Edición española: *Trabajos de mierda*, Ariel, Barcelona, 2018, traducción de Iván Barbeitos.)

rácter habla de una economía *gig*, la economía del bolo y la «colaboración», de la discontinuidad y la perpetua actualización de las destrezas según el ritmo acelerado y cambiante de las exigencias del mercado: ese ensayo, uno de los primeros en concretar la fractura generacional que nos ocupa, aunque sin nombrarla específicamente, aporta algunos ejemplos en el seno de la urdimbre familiar: un padre, desempeñado toda su vida adulta en la misma fábrica, no concibe la continua presión que atosiga al hijo que, como en una carrera de obstáculos, salta de contrato en contrato habiéndose de «vender» a cada paso como un trabajador diferente, de habilidad «diversificada», conforme el mercado lo expulsa de cualquier esquina que se asemeje remotamente a un refugio pecuniario sin altibajos. «La flecha del tiempo se rompe; no tiene trayectoria en una economía política constantemente reconvertida, que odia la rutina y programa a corto plazo», y eso mina las relaciones sociales al impedir cualquier tipo de propósito duradero.[1] La desgracia a la que se

1. Richard Sennett, *The Corrosion of Character*, Norton, Nueva York, 1998. (Edición española: *La corrosión del carácter*, Anagrama, Barcelona, 2000, traducción de Daniel Najmías.)

refiere Sennett nidifica en las entrañas mismas de la personalidad, pues el ciudadano camaleónico que a cada rato debe mutar de objetivos, de oficina o taller, se siente perdido, falto de una identidad que antes aportaban los trabajos estables. Pelear por definirse cuando una parece ser parte de una obra de teatro en la que los múltiples personajes y el número reducido de actores fuerzan a cada quien a representar una miríada de papeles, a través de cambios veloces de vestuario, alteraciones en el timbre de la voz y fugaces reinvenciones de la escenografía es una tortura si nos alejamos de las bambalinas para zambullirnos en la realidad más palpable. Se produce así una guerra entre el carácter, que tiende a estar constituido de rasgos más bien perennes, y la experiencia, rota en mil pedazos, y hasta una carrera de fondo como la crianza sufre, pues, como sugiere Sennett, los jóvenes que tienen niños a menudo se ven atrapados entre las exigencias de «flexibilidad» provenientes de sus ambientes laborales y la pedagogía que se empeñan en inculcar a los churumbeles, radicada en la confianza, el compromiso, la honestidad..., una moralidad que evoca la diacronía, valores que necesitan la linealidad temporal para materializarse, y no la continua quebradura y reseteo de quien solo respira en pro del rendimiento empresarial. Así que vivimos en un tiempo desencajado de sus goznes, donde la locomotora pareciera haber descarrilado varias veces y encontrarse en una insistente búsqueda de los raíles, de puntos de anclaje que la sostengan y promuevan un viaje carente de sobresaltos, frenazos o despegues hacia el vacío.

Aquí la palabra no es capaz de formar sentido ni de articularse en frases coherentes e hilar una historia que ayude a componer el puzle de nuestras biografías: se atasca o desaparece y nos volvemos silentes; tal vez, como en mi caso, aprendamos otros idiomas y, entre balbuceos, acertemos a nombrarnos lo contrario a otra época, a otro lenguaje,[1] o puede ser que, como los melancólicos que residen en las profundidades de la laguna Estigia, perfectamente geolocalizados por Dante, nos cueste montañas hilvanar un discurso medianamente acorde al maremágnum que nos rodea:

1. Parafraseo un poema propio: «No puedo más que desearte suerte / en tus nuevas palabras, abrirte el estigma de la duda, / ver cómo entre balbuceos aciertas a nombrarte / lo opuesto a otro tiempo, a otro lenguaje...». En *American Poems*, Isla de Siltolá, Sevilla, 2015.

[...] bajo estas aguas hay una raza condenada que suspira y la hace hervir en la superficie [...]. Metidos en el lodo dicen: «Estuvimos siempre melancólicos bajo aquel aire dulce que alegra el Sol, llevando en nuestro interior una tétrica humareda; ahora nos entristecemos también en medio de este negro cieno». Estas palabras salen del fondo de sus gargantas como si formaran gárgaras, no pudiendo pronunciar una sola íntegra.[1]

Los melancólicos arrastramos una incapacidad endémica para fabricar sintagmas, frases o párrafos, siquiera para pronunciar enteramente o contarnos la fábula de nuestra existencia y, desde el limo lacustre que Dante ubica en el cuarto círculo del infierno, nos lamentamos encerrados. Lo que el poeta no podría haber predicho en su era es la relación entre esa carencia de código lingüístico y la fragmentación laboral que arguye Sennett, y nosotros tampoco podemos demostrar que sean los contratos astillados, discontinuos, mal pagados –la precariedad que embadurna,

---

1. Dante, *Divina comedia*, Austral, Madrid, 2006, traducción de Ángel Chiclana.

pegajosa, a los que nacimos en o a partir de la década de 1980–, lo que desemboque directamente en la melancolía, pero sí en la falta de un idioma sensato que nos posibilite narrar quiénes somos en tan deplorables circunstancias. La coincidencia de los síntomas, no obstante, es bastante significativa en el conjunto de jóvenes –y no tan jóvenes– que nos interesa, partícipes de una suspensión narrativa que paraliza y subraya la falta de proyecto a largo plazo. Esta ha sido asimismo señalada por otros autores como Byung-Chul Han, quien argumenta que los sujetos autoexplotados de la posmodernidad tienden a estar perpetuamente deprimidos.[1] Podemos considerar la autoexplotación, a grandes rasgos, como el sobreesfuerzo que intenta compensar el viaje a la deriva impuesto por el mercado laboral. Angustiados y exhaustos, impregnados de la superficialidad que invita a ser emprendedores de nosotros mismos mañana, tarde y noche, impoluta imagen de marca mientras lloramos apenas hemos tomado la fotografía sonriente que postearemos en Instagram, al funesto panorama

---

1. Byung-Chul Han, *La sociedad del cansancio*, Herder, Barcelona, 2017, traducción de Arantzazu Saratxaga Arregi.

económico se une el fantasma de la crisis climática, otro factor a tener en cuenta en la preponderancia del cortoplacismo omnipresente.

No deja de resultar curioso que Sennett considerase la incertidumbre como algo peculiar, porque se da «sin que aceche ningún desastre histórico». A finales de los noventa ya se habían publicado estudios que probaban el carácter catastrófico de un calentamiento global cada vez más célere, pero quizá le podamos perdonar el descuido. Hoy en día, la violencia con que el cambio climático amenaza todo cuanto hemos conocido es ineludible, y esto, que preocupa mucho más a las generaciones recientes, como ha afirmado una investigación publicada en la revista *Nature*,[1] pesa en una conciencia que percibe las fechas como ultimátums: para 2030, dicen, tenemos que reducir las emisiones de gases de efecto invernadero a la mitad si queremos evitar rebasar el famoso 1,5 ºC marcado en el Acuerdo de París, una frontera que, de superarse, podría desatar una serie de mecanismos

---

1. El estudio afirma que existe una brecha generacional entre los jóvenes, más preocupados por el cambio climático, y los demás colectivos, aunque la inquietud ha aumentado en todas las franjas etarias: <https://www.nature.com/articles/s41467-021-24245-y>.

de retroalimentación sobre los cuales el ser humano no logrará ejercer ningún tipo de control. En 2050, la Unesco estima que los principales glaciares del mundo habrán desaparecido, independientemente del destino de los gases de efecto invernadero.[1] El año 2030 es también la línea divisoria esgrimida por los estudios que han actualizado el informe conocido como *Los límites del crecimiento* (1972), bautizado con el apellido de la científica que lideraba al grupo de expertos, Donella Meadows. Este documento demostró que, de continuar el ritmo de producción industrial y aumento de la población, los recursos no serían suficientes para todos en algún momento del siglo XXI al que, muy probablemente, nos estamos acercando, lo cual desencadenaría un colapso ecosocial. Declaraciones como las del presidente francés Emmanuel Macron, quien auguró recientemente «el fin de la abundancia», parecen estar empapadas de los conocimientos que se desprendían del equipo de Meadows y no solo de las vicisitudes energéticas derivadas de la guerra en Ucrania. Si la abundancia se agota, afectando a la salud

1. <https://www.cnbc.com/2022/11/03/major-glaciers-in-yosemite-and-kilimanjaro-will-disappear-by-2050-un.html>.

económica, se debe a que hemos esquilmado tanto la naturaleza, incluyendo las reservas viables de combustibles fósiles, que poco o nada va a sobrar para las generaciones más jóvenes y, por supuesto, las venideras, y en ese cómputo, obviamente, se ha de responsabilizar más a quienes durante más años perpetraron el expolio, sin olvidar la desigualdad de un consumo donde la franja de los más ricos despilfarra a mansalva. Así que ellos se quedaron con los prometedores trabajos que permitían comprar casa, coche, vacaciones en avión, y engendrar unos hijos acunados en las comodidades que proveía un planeta generoso; ellos fueron los millonarios, pero también, como afirma el economista y filósofo francés Frédéric Lordon, la clase media de los países desarrollados; ellos, los que se tiran de los pelos con los incendios o la inflación de unos alimentos que ya no crecen en terrenos yermos, siguen a veces empeñados en proponer las mismas recetas que suscitaron la debacle como única solución a esta, es decir, pretenden apagar el fuego con gasolina, mientras no se explican por qué los más jóvenes andamos tan tristes, de qué grieta brota nuestro carácter taciturno, arremolinados en el holograma de una esperanza que no sabemos de dónde extraer, hartos de escarbar en la nada de la melancolía. Pero ellos, ¡ah!, por momentos reaccionan, porque algunos cuerpos menos ajados por el tiempo se lo vociferamos a la cara: ¡despertad!

Una visita

Debajo de las ruinas entre las que caminamos se esconde una distinción pertinente que arroja luz parcial al problema: se trata del matiz que separa el duelo de la melancolía. El primero, de acuerdo con Freud, responde al dolor sentido ante la pérdida de un ser querido o un ideal por causas que pueden identificarse; la segunda, por el contrario, soterra el motivo de la pérdida y, al ser este ignoto, el dolor se multiplica en una identificación constante con esa carencia, con el objeto perdido.[1] Los *millennials*, la generación Z, la infancia y juventud que hemos clasificado como melancólica no acierta muchas veces a comprender cuál ha sido el latrocino, de tanto que nos han quitado –bienes-

1. Sigmund Freud, *Obras completas*, tomo II, Biblioteca Nueva, Madrid, 1973, traducción de Luis López-Ballesteros y de Torres.

tar, empleo, cielo y agua sin contaminar–, pero sí sabe que ha habido un atraco a mano armada de gran envergadura y mira a los que nacieron antes esperando una respuesta. Estos, los *boomers*, quizá no se hayan percatado aún de la gravedad del problema, o sí lo hayan hecho y estén más afectados por el duelo, por lo que lograrían ponerle nombre a lo que va muriendo de a poco, reponiéndose del abatimiento como cuando se logra dar sepultura a un ser querido pasado un tiempo de su fallecimiento. Por eso los primeros experimentan una sensación de caída constante y, se puede argumentar, no es extraño que la principal causa de muerte en esta franja etaria sea el suicidio. Entretanto, los segundos, en gran medida al mando del futuro por cuanto ostentan puestos de mayor responsabilidad, se suelen recuperar y vuelven a la carga con las vetustas fórmulas que conducen al callejón sin salida: más crecimiento, más varita mágica neoliberal. Pero ellos también sufren, y esto pude comprobarlo de primera mano el pasado verano mientras callejeaba entre las casas enjalbegadas tan típicas de ese pueblo andaluz donde mi abuela parió a mi madre y a los hermanos de esta, mellizos, en los albores de la maravillosa década de 1960.

Era un 25 de agosto. Hervía un sol de justicia y, sobre las fachadas, el tono albar se derre-
tía en una visión brumosa que ignoraba si sur-
gía de las mismas paredes o es que el sudor ya
me manaba del interior de los párpados. Hacía
doce horas que había llegado a aquel enclave
que tanto gocé de niña para satisfacer, aquella
mañana, una necesidad muy prosaica fruto de
mi retorno: el camión con mis bártulos de la
mudanza transatlántica acabarían descargán-
dolo unos hombres allí, precisamente en una
de las casas de patios ventosos y frescos que,
por haber fenecido hacía mucho los dueños,
parientes de mi tía, se encontraba abandona-
da. En ningún otro lugar que no sea la España
rural sobra tanto el espacio y, tirando de favo-
res, había conseguido que me cedieran provi-
soriamente un cuarto de aquella vivienda en
ruinas mientras mi marido y yo barajábamos
en qué punto del mapa peninsular establecer-
nos de manera definitiva. Los mozos llegaron
en una furgoneta y otro vehículo mayor a la
hora acordada, y mi tío, tan solícito como de
costumbre, les indicó dónde aparcar y cuál era
el número en que debían depositar la mercan-
cía: mis libros, casi mil volúmenes de una biblioteca que había recopilado en el extranjero

como sustituto de esos vínculos afectivos que me faltaban; algunos muebles a los que cogí cariño; varios lienzos que pinté cuando la depresión me apretó el tuétano con tal fuerza que ya no era capaz de engarzar una palabra con la siguiente y, sumisa a la ruta del malestar, me expresaba apenas con colores y texturas, muda. Todo aquello se quedó apilado contra las paredes desconchadas de lo que en otra vida fue un dormitorio y, más tarde, el aula de una guardería informal, pues la casa había sido reinventada para mil usos a lo largo de las sucesivas herencias. Echamos un candado a la puerta de madera del cuarto, dos vueltas a la cerradura de la que daba a la calle y, sofocados por la bola de fuego que controlaba nuestros pasos desde lo alto como si fuésemos marionetas desmembradas a su antojo, nos fuimos a comer al hogar que aquel hermano de mi madre había fundado junto a su mujer, Blanca, la dueña legítima del habitáculo que guarecía mis bagatelas migratorias. Conforme devorábamos los granos de un arroz con gambas que él había cocinado siguiendo las indicaciones apuntadas en una libreta, comenzó a soltar sapos y culebras desfallecidos por la boca: «Aquí no se puede vivir», repetía. Lo notaba inquieto. Mi tío Pepe siempre ha sido un hombre muy alegre, tan jovial y con tantas ganas de juntar a los suyos para una buena farra que nunca habría imaginado verlo así justo cuando disfrutaba del ocio conquistado con su reciente jubilación. «Es imposible, este verano está siendo un suplicio.» Bufaba. Cambiaba el canal del televisor frenéticamente sin encontrar la programación que apaciguase la rabia apenas contenida, la misma que le supuraba por las sienes, los ojos turbados, el cuerpo atlético que cuidaba con esmero y del que se enorgullecía como el policía local que había sido, de virtudes callejeras, pues jamás aceptó el puesto administrativo que le ofrecieron cuando lo juzgaron demasiado viejo para la patrulla. Esa anatomía fibrosa cincelada a base de ciclismo y fútbol sala, sus deportes favoritos, se estremecía en el sillón y deglutía su plato a duras penas. Poco a poco, fue contándome que raro era el día en que la temperatura máxima había bajado de 45 grados; que nunca había puesto tanto el aire acondicionado, en una casa baja, la suya, remodelada pero sostenida en los atávicos muros gruesos con que se hacían las de antes, aptas para sobrevivir al desierto; que el club de dominó había decidido cerrar hasta el otoño porque nadie pisaba la calle antes de la medianoche, y que su mayor afición, recorrer decenas de kilómetros con la bicicleta, había sufrido tantos adelantos de horario por indicaciones del médico que ya no valía la pena: «Tengo que salir a las seis de la mañana si quiero estar de vuelta antes de ponerme malo». Por su rostro aún atractivo –en la edad de merecer, mi tío era el ligón del pueblo, y aún preservaba en formol algunas chispas de aquel encanto– paseaba la sombra de una desesperación de la que yo, habituada a verlo de higos a brevas, no alcanzaba a trazar el origen: ¿en qué momento comenzó a rechinar así, como el muelle oxidado de una cama, como la tiza sobre la pizarra hasta que explota la dentadura? ¿Era mi tío, el de las bromas y el teléfono sonando siempre por los colegas ansiosos de abrazar su compañía? ¿El hombre de los mil compromisos, el alma de la fiesta? Era, más bien, el padre de dos primos veinteañeros preocupado por el futuro. «No se puede parar, un día y otro día y otro día, ¿lo de hoy? Fresquito hace, 38 grados, pero desde principios de junio ha sido morir.» Más tarde, calmado por la actividad de una digestión entrecortada, me confesó que había tenido bronca con uno de sus mejores amigos, un señor de derechas. «No va y me dice que les ha comprado a sus hijos yo no sé cuántas fanegas de olivos. ¡Un piso en Oviedo, hombre, eso tenías que haberles comprado! ¿¡No se da cuenta de que aquí no van a quedar ni las ratas!?» La aridez se encargaba de malograr cada cultivo ancestral, hoy sobradamente mecanizado; el sol succionaba la exigua humedad de la tierra para transportarla a un cielo vendido al desamparo; las aves, que él solía cazar, brillaban por su ausencia, fugitivas o extinguidas; las piscinas de los parroquianos parasitaban los pocos pozos disponibles; nunca llovía. Mi tío Pepe, invitado imprescindible en todos los jolgorios, dicharachero trabajador a pie por los asfaltos abrasivos de un antiguo califato, bosquejador de amistades en cada punto del espectro político, ya que en el pueblo los partidos daban casi igual, las diferencias se difuminaban entre churros, cafés y cervezas, atravesaba un proceso de duelo. «Ni se te ocurra comprarte una casa aquí», me alertaba, a sabiendas de que yo adoraba aquel paraje polvoriento con olor a orujo y a luz, no solo azuzada por la memoria de mi niñez, sino también cubierta por una pátina de idealismo acaramelado que se me había ido sedimentando en la piel durante los años de exilio. El porvenir había saltado por los aires cual pierna que pisa una mina y allí, precisamente, se veían los retazos de tendones volados, la salpicadura de una sangre que, aun así, suplicaba pertenencia. Apenas pisé un día Castro del Río; después de una sobremesa bastante escueta, con las cajas ya colocadas en aquel trastero fortuito que me salía gratis, cogí la maleta y me largué con mi pareja, no sin percibir desde la ventanilla del coche las mangueras que yacían extendidas sobre los olivares. Algunos meses más tarde, leí que el precio del aceite de oliva rozaba las nubes debido al fiasco de cosecha, raquítica, la mitad que la del año anterior. La noche de antes, recordé, me había detenido frente a la iglesia Madre de Dios para sacarle una foto, que al final no hice después de que una voz interior se cabrease por mi adicción al móvil: mírala, retenla en la retina como buena huella cognitiva, no sucumbas al clic de la vergüenza: es tan diminuta que deberían llamarla ermita, o humilladero, la palabra *iglesia* le queda larga de mangas, ancha de cintura, como a mí las tallas de Estados Unidos. Me entretuve concentrada en su hechura y pensé que nunca la había visto abierta, porque los pasos de Semana Santa ni salían ni se recogían por aquel portón, y las bodas y las comuniones se celebraban en santuarios más amplios. Madre de Dios, y nosotros ¿de quiénes éramos hijos? Otra vez el templo en ruinas, su corazón clausurado, y yo llorando a lágrima de cal como si me hubiesen arrebatado no solo un pasado, sino también un sendero, por humilde que fuese, hacia un mínimo reloj no averiado. A mí tío nunca le dije que compartía la misma aflicción, simplemente me limité a mecer su desahogo con la rutina mullida de la escucha, fingiendo la sorpresa de una recién llegada de otro planeta, alienígena que besa el cadáver de su cuna.

La feria de la nostalgia

> Nos lo llevan diciendo diez años y nos negamos a creerlo. Somos la primera generación que vive peor que sus padres.
>
> ANA IRIS SIMÓN, *Feria*

La nostalgia es un rasgo de la posmodernidad, y esta última es una época histórica que nos punza y atraviesa a todos, con alfileres o clavos, pero de forma irreversible, aunque muchos sigan empeñándose en categorizar «lo posmo» como una moda de la que se puede ser forajido, disidente u objetor de conciencia. No se ha inventado aún la máquina para eludir la historia y desvendar la biografía en un limbo falto de coordenadas espacio-temporales y códigos culturales que nos signifiquen. Desde que los grandes relatos emancipatorios, tales como el catolicismo o el marxismo, diesen inicio a su descomposición, allá por la década de 1970 –coincidiendo con una totalizante sociedad de consumo y el despegue del neoliberalismo en buena parte del globo–, la línea temporal marcada por la Ilustración que, debido al poco espacio disponible aquí, caracterizaré por el combo progreso-desarrollo y su fiel acompañante, un colonialismo extractivo que sometía poblaciones indígenas y desbordaba las arcas europeas en riquezas, ha sufrido múltiples embestidas, siendo la última aquella que nos recuerda el agotamiento de los recursos naturales. La locomotora de la historia, hacia delante y hacia arriba, se trastabilló cuando nuestros padres eran niños o adolescentes, pero el crecimiento económico, que en España se consolidó después, continuó abriéndose paso de manera autorreferencial, como fin en sí mismo –no con el objetivo de salvar las almas o socializar los medios de producción–, y repartió migajas irregulares que, a pesar de la desigualdad, se concretaron en una notable mejoría de la calidad de vida de mucha gente. Cuando Ana Iris Simón afirma, desde un antiintelectualismo muy elocuente, que «nuestros padres tenían menos papeles académicos que un galgo, [pero] sí que tenían, con nuestra edad, hijos e hipotecas y pisos en propiedad», expresa una nostalgia por ese entramado neoliberal boyante en los años noventa de un país, el nuestro, que, surcado por arados romanos no hacía ni un siglo, se apresuraba entre pelotazos inmobiliarios, Expos y cochazos a un ilusorio patrón europeo de comportamiento y transacciones bancarias. Ocurre que, partiendo de muy atrás (o de muy abajo, según dibujemos el eje imaginario del progreso), España pasó en veinticinco años del siglo XIX al siglo XXI, como señaló una vez Antonio Muñoz Molina, y en esa correría de lengua afuera y obsesión por traspasar no sé exactamente qué línea de meta, cohabitaron tradiciones antiquísimas con la rutilante sociedad del espectáculo, clanes bien tupidos de hijos-nietos-cuñados-primos-suegras con el deseo de un chalecito en una urbanización de adosados donde no cabría ni la cuarta parte de la tribu, y un desprecio a lo rural como sempiterno símbolo de atraso que combinaba bien con el apego a sus mercadillos y verbenas. *Feria*, la crónica costumbrista de Ana Iris Simón, da cuenta de esa mezcolanza disparatada y se sitúa en la posición de quien cura un museo de variedades para el que rescata tanto rasgos muy anteriores a la posmodernidad –como la familia tradicional, la feminidad y la masculinidad normativas o el maltrato animal en los puestos de sus abuelos feriantes que ella ya no pudo ver– como prácticas muy posteriores al desarrollismo, cuyo ejemplo más obvio sería la necesidad de una vivienda por cada núcleo matrimonial en lugar de las casonas o cortijos donde antiguamente convivían a granel distintas personas unidas por algún grado de parentesco y relaciones jerárquicas de dependencia mutua. No solo peca de una tremenda ingenuidad –las definiciones monolíticas de hombre y mujer, decimonónicas y centradas en lo reproductivo, por ejemplo, ya llevaban décadas siendo interrogadas, como demuestra Paul B. Preciado en *Testo yonqui*–, sino que, lo más preocupante, reivindica una circunstancia económica noventera a la que es imposible regresar y, si fuese posible ese hipotético retorno, nos cata- pultaría de lleno al mismo punto muerto ac- tual, las mismas crisis, incluyendo la climáti- ca, que en ningún momento menciona, aunque sí planea espectralmente por el texto.

En efecto, su rememoración bucólica no incluye una reflexión sobre la hecatombe me- dioambiental que indefectiblemente ha de pasar por la gestión de los territorios rurales, hoy concebidos en gran medida como zonas de sacrificio para la implementación de in- fraestructuras de energía renovable o proyec- tos mineros, en constante riesgo de incendio, tableros donde, además, se debate lo propicio de la caza o la ganadería, sea esta regenerativa o concentrada en macrogranjas terriblemen- te contaminantes. Sin embargo, la autora sí es consciente de que algo anda errado, y ofrece dos pistas de su rechazo deliberado hacia cual- quier consideración ecologista: en un primer momento, asegura volver de la compra con una bolsa de plástico porque siempre se le ol- vida la de tela; en segundo lugar, cuando elo- gia el *Quijote* como elemento constitutivo de la identidad manchega, alude a los molinos cer- vantinos y a los otros, «que ahora son más del- gaduchos y andan por aquí y por allá, que los llaman "energías limpias"» para, acto seguido, aseverar que ese asunto lo dejará «para otra ocasión». En el fondo, lo que Simón manifiesta, y quizá a ello se deba el éxito que su libro ha recolectado en la esfera de la opinión pública –incluso entre quienes no lo han leído–, es una zozobra deslavazada ante la incertidumbre, unida a una nostalgia de genealogía opaca que aglutina varios tiempos pretéritos y los condensa en una foto tierna y desproblematizada de la infancia. La artesanía literaria de Simón se mueve sin orden ni concierto por una historia que igual encumbra la vivienda unifamiliar del pelotazo que el nomadismo feriante, casi premoderno, de sus abuelos, eso sí, teniendo como referencia la vida de sus padres a su edad, hace más de tres décadas, la vida que le «da envidia», la de los *boomers*, localizando ahí, a grandes rasgos, el difuso objeto perdido. Es curioso –y sintomático de una juventud amputada de perspectivas– que el capítulo que dedica a su hijo se centre en explicar con detalle un linaje abocetado con chispazos heroicos que viajan una y otra vez al pasado como única salida viable. La época vetusta que Simón invoca casi obsesivamente, reivindicando una suerte de autenticidad hoy volatilizada, se agota en sí misma y obstruye cualquier mirada hacia un porvenir factible, precisamente porque el mañana no hace amagos de existir más allá de la mera procreación, sin que sepamos exactamente qué ingredientes añosos han de ser rescatados. Contrasta con el relato de mi tío, quien no vacila a la hora de delimitar lo que anhela: el pueblo habitable bañado por rayos que no calcinen, un calor que le conceda las treguas estivales en que se crio, a una temperatura apta para la vida, siendo justos, tal vez porque él nunca tuvo que enfrentarse a la precariedad laboral, ni siquiera a la búsqueda infructuosa de vivienda. Ella, nacida ya en plena posmodernidad, conjura las ideologías demacradas (el viejo PCE de su padre, o el nacionalismo de un Ramiro de Maeztu), las glorias urbanísticas, la tranquilidad del empleo estable y hasta la España exenta de inmigrantes para exhibir una foto impracticable de la carencia. Entre los dos –y, como veremos más adelante, no son los únicos– se da un duelo por un mundo muerto que atrapa y remite a un dilema irresoluble, tan grave que va a marcar lo que queda de siglo XXI: no se puede, porque es materialmente imposible, reclamar un boom económico desfasado y a la vez desear el equilibrio climático, la biodiversidad, el agua dulce de antaño, porque el primero condujo al destrozo de los segundos. Ambas reivindicaciones son social e históricamente incompatibles, una aporía. La fiesta del capitalismo, pero también la de un planeta saludable, se terminó.

Los buitres

> Los buitres tienen el cuello lar-
> go y sin plumas para adentrarse
> bien en el cuerpo de los cadáveres.
> Está diseñado para explorar en las
> entrañas.
>
> JAVIER MORALES, *Monfragüe*

Aunque Ana Iris Simón pueda parecer un personaje –dentro de su autoficción– poco melancólico y tendente al negacionismo en cuestiones climáticas (la bolsa de plástico actúa como *declaración de intenciones*), está claro que sus postulados parten del vacío dejado por un sistema económico que engendra dolor y merma la posibilidad de futuro. El duelo múltiple causado por la pérdida de estabilidad laboral, de derechos, de paisajes no dañados por el aceleracionismo industrial global puede adoptar muchas caras y, en las ocasiones en que no halla solaz, cuando el sufrimiento se perpetúa indefinidamente, se transforma en melancolía. Ante esto, muchos dirigen su mirada hacia esa generación *boomer* cuya trayectoria vital sirve de marco de referencia para hitos bastante perniciosos. *Mutatis mutandis*, a partir de la fecha en que nacieron los padres de Simón, o los míos, o mis tíos, el mundo ha aniquilado al 70 % de la fauna salvaje,[1] las emisiones de dióxido de carbono se han cuadruplicado,[2] y un 50 % de los gases de efecto invernadero de la historia se ha producido precisamente desde ese *locus amoenus* noventero retratado en *Feria*.[3] En otras palabras, los buitres, animales nobles que reciclan la materia en proceso de putrefacción de los caídos, han visto minada su población mientras su nombre servía para bautizar fondos de inversión, multinacionales sin escrúpulos y unos CEO cuyos sueldos han crecido un 1.460 % en los últimos cincuenta años,[4] a pesar de que las pobres aves realizan tareas ecosistémicas indispensables y el segundo grupo es perfectamente prescindible. Se podría argumentar, con poco

1. <https://www.theguardian.com/environment/2022/oct/13/almost-70-of-animal-populations-wiped-out-since-1970-reports-reveals-aoe>.

2. <https://unctad.org/news/carbon-emissions-anywhere-threaten-development-everywhere>.

3. <https://ieep.eu/news/more-than-half-of-all-co2-emissions-since-1751-emitted-in-the-last-30-years>.

4. <https://www.epi.org/publication/ceo-pay-in-2021/>.

margen de error, que la época transcurrida desde que nacieron nuestros mayores ha sido la más destructiva de la humanidad para la biosfera, dentro de la cual existimos como una especie más: también nosotros, culturalmente antropocéntricos, sufrimos las consecuencias de los fenómenos meteorológicos extremos, la polución masiva y unos modos de subjetivización basados en el consumismo que nos vuelven tremendamente infelices y no solo afectan a la compraventa de objetos. La política se ha convertido en un bien de consumo más (es decir, compramos candidatos según propiedades de marketing, no necesariamente fijándonos en sus propuestas en pro del bienestar ciudadano; o, como resumió brillantemente Donald Trump: «Podría pararme en mitad de la Quinta Avenida y dispararle a alguien y no perdería votantes»),[1] y las personas, imagen de marca en las redes, proveedores de datos para las empresas tecnológicas, somos, sobre todo, un producto. En este contexto, ha surgido un odio al *boomer* entre colectivos jóvenes con mucha visibilidad en la cultura y el periodis-

1. Traducción propia; extracto de la noticia: <https://edition.cnn.com/2016/01/23/politics/donald-trump-shoot-somebody-support/index.html>.

mo anglosajones, y que en España, probablemente debido a la existencia de múltiples dependencias intergeneracionales, a esa tupida tela de araña familiar o clientelar que lo mismo ahoga que da cobijo, permanece soterrado en buena medida.

La excepción más llamativa quizá la conforme el libro *Generación Tapón*, de Josep Sala i Cullell, no casualmente emigrado a Noruega, desde donde puede articular un discurso lapidario contra sus predecesores sin sufrir las consecuencias. Al contrario que Simón, Sala i Cullell no niega la crisis climática, aunque su ensayo se centra en analizar una suerte de acumulación primitiva de recursos económicos por parte de quienes arribaron a la Transición siendo pipiolos y, desde una edad muy temprana, acapararon trabajos envidiables, puestos de poder en los que se eternizaron (algunos todavía siguen en los mismos sillones) y una vivienda adquirida a precios bajos que se ha revalorizado sobremanera con las décadas y constituye su mayor activo. Si algo tienen en común los dos autores, quizá sea esa «envidia» a la que aludía Simón y que Sala i Cullell no nombra, pero que se percibe latente, se respira en sus páginas. Acierta *Generación Tapón* –epíteto que designa a los *boomers* a la española, con las particularidades de crecer en el último franquismo y contar con las puertas abiertas laborales derivadas de la construcción de un país nuevo a partir de la aprobación de la Constitución en 1978– en demarcar la globalidad del fenómeno. En Estados Unidos, por ejemplo, la generación nacida con posterioridad a la Segunda Guerra Mundial posee un 53,2 % de la riqueza, mientras que los *millennials* solo tienen el 4,6 %, bastante menos que ese 21,3 % que los *boomers* atesoraban a su edad, entre los veinticinco y los cuarenta años aproximadamente.[1] No obstante, esta brecha, que es económica pero también ecológica y existencial, y se repite, con variaciones, en otros países, da lugar a una fractura aún más calamitosa que la «incomprensión» a la que me he referido antes, porque ni las discrepancias intergeneracionales logran subsanarse a partir de relatos romantizados como el que despliega *Feria*, ni la rabia segregada contra los tapones –quienes en una mayoría de casos disfrutan de derechos adquiridos legítimamen-

1. <https://www.businessinsider.com/millennials-versus-boomers-wealth-gap-2020-10>.

te, como las pensiones– va a moldear ninguna solución para las injusticias más lacerantes hoy: la destrucción del equilibrio climático y de los ecosistemas, y unos niveles de desigualdad insostenibles unidos al mito del crecimiento económico perpetuo; a saber, la extinción de los buitres plumíferos y la proliferación de los buitres neoliberales.

Escribe Remedios Zafra en *El entusiasmo*:

> Si antes dedicaba tiempo a contestar de manera personalizada empleando palabras que fueran de la mano, sin desentonar con expresiones como mínimo en tres idiomas y adjuntando currículum e informes avalados por agencias de calidad, ahora emplea palabras como: cansancio, cuerpo, ojos, dedos, suciedad, comida, enfermedad, padres, pastillas.[1]

Se refiere a Sibila, una mujer ya no *tan* joven que batalla con las pésimas condiciones laborales tan habituales en los trabajos creativos, que lidia con esa biografía precarizada que caracteriza a prácticamente toda una fran-

1. Remedios Zafra, *El entusiasmo. Precariedad y trabajo creativo en la era digital*, Anagrama, Barcelona, 2017.

ja etaria y, con más énfasis, a quienes no gozaron de un capital familiar (social y económico) lo suficientemente valioso como para *colocarse*, según la expresión utilizada por nuestros abuelos en la época en que encontrar trabajo equivalía a dejar un jarrón en la vitrina: allí se quedaba, inmutable. Los padres aparecen en la fábula de Sibila como un fantasma que planea sobre el escritorio y, si pudiera preguntarle por qué, tal vez me respondiese que simbolizan el espectro de los sueños rotos, la autoridad que juzga el fracaso de la hija con incredulidad tras una trayectoria aparentemente plagada de éxitos educativos (buenas notas, becas, premios), que no entiende qué ha podido pasar por el camino, que a ratos culpabiliza y a ratos se erige como figura a quien Sibila quisiera no decepcionar, un espejo del callejón del Gato que le devuelve su reflejo deformado.

Si imaginásemos una conversación en casa, en torno a la mesa puesta y el cocido humeante, quizá se parecería a la que mantuve hace casi un lustro con mi vecina, desengañada ante la perspectiva de que su hija Vero se desempeñase como auxiliar de investigación contando con un currículum más grueso que el de su jefa. Yo le decía que las cosas habían cambiado, que –doctorado en mano– yo también me había deslizado hacia las fauces del paro y que, cuando por fin logré firmar un contrato, fue en un sitio infame; que me sentía mal (cansancio, cuerpo, ojos) sin haber aprendido todavía a denominarlo depresión, duelo migratorio, síndrome de estrés postraumático o cualquier otra palabra de esa nomenclatura que años después me regalaría pacientemente el psicólogo. «Tanto estudiar, tanto estudiar, y ¿para qué?», lanzó mi vecina, ante lo cual se abrió el suelo bajo mis pies y desaparecí entre las baldosas, túnel abajo, alcantarilla abajo, como una vulgar cucaracha herida. Ella había vivido muy acolchadamente gracias al sueldo de su marido militar y a la peluquería que montó en su pueblo, pero desde las aguas sépticas en las que yo había caído, o desde el fondo de la laguna Estigia, no acertaba a explicarle nada. Sería inútil –musité–, como inane el esfuerzo de intentar esclarecer el deterioro climático, o esos modos de vida basados en el consumismo que su generación había asumido acríticamente, aunque con distintos grados de responsabilidad. La extralimitación, esto es, esa huella ecológica mundial conjunta que sobrepasa la biocapacidad del planeta Tierra y desgarra la trama de la vida, constituía ya un fenómeno epocal que tanto delimitaba el horizonte de futuro como marcaba el fin del boom económico; y, aunque existían soluciones políticas como una redistribución más equitativa de la riqueza, lo cierto es que los viejos códigos (meritocráticos, financieros, extractivistas) no funcionaban. Pero ni yo poseía la energía que me permitiese soltar tal chapa, ni habría sabido articularla de manera que no resultase ofensiva a mi interlocutora; por otra parte, una señora adorable.

Así, se han repetido las situaciones en que me he resbalado pudorosamente por el sumidero en lugar de intentar confluir en algún punto con mis mayores o, por el contrario, me he mantenido tan alerta y el diálogo ha sido tan encarnizado que al final se ha vuelto disgusto o enfrentamiento: la vez que mi madre me recomendó hacerme funcionaria para poder disfrutar de una jubilación tranquila y yo contesté que, al ritmo de devastación medioambiental que nos gastamos, probablemente no habría sistema de pensiones público cuando me llegase el turno; la confianza ingenua que mi tío ha depositado en mi currículum a pesar de que el único empleo que he logrado al regresar a España me lo he inventado yo: autónoma; o las charlas con un antiguo profesor y con mi suegro, ambos de la misma edad, septuagenarios, el primero catedrático y el segundo obrero de la construcción, lo cual no impide que piensen exactamente lo mismo en los temas que nos ocupan: el trabajo duro *siempre* da frutos, como un mantra, y la catástrofe ecológica en curso no es tan grave y, además, algún milagro tecnológico la detendrá antes de que sea demasiado tarde. Aunque no sean cuantificables, todas estas escenas apuntan a un hecho que he venido constatando durante años: entre las distintas generaciones vivas no es que se haya producido la sempiterna trifulca parricida producto de las mudanzas sociopolíticas; no se trata de la reacción florida del gótico frente a la sobriedad del románico; es que habitamos universos completamente disímiles, galaxias paralelas que jamás se tocan, planetas semánticos excluyentes, ya que el mundo en que ellos aterrizaron, maduraron, socializaron y fundaron pequeños emporios o simplemente caminos dotados de sentido es por completo distinto al nuestro, y, como dos personas de países diametralmente opuestos que se chocan, hablantes de lenguas extrañas para el otro, solo podemos comunicarnos por señas, al menos hasta que los más veteranos comprendan que deben estudiar el idioma de los jóvenes, sin el cual no se pueden descifrar los retos contemporáneos.

Uno de esos estudiosos, experto en cruzar las fronteras donde habitan los peores peligros y ofrecérselas, desmigadas, a quien quiera leerlas, es Jorge Riechmann. El filósofo y profesor de la Universidad Autónoma de Madrid lleva décadas predicando en unos desiertos que cada vez albergan más actos de escucha conforme los estragos de las múltiples crisis cogen carrerilla. Hace tiempo que Riechmann advirtió de un proceso de colonización simultánea del pasado y del futuro que está teniendo lugar frente a nuestros ojos incautos y que, de no atacarse, privará a los más jóvenes de cualquier bienestar imaginable.[1] El pasado, argumenta, nos lo hemos apropiado en forma de combustibles fósiles, materias que, como el petróleo, han demorado millones de años en cuajarse a raíz de sucesivas capas de sedimentos orgánicos. El futuro lo hemos colonizado ya al basar nuestra

1. Jorge Riechmann, *Un adiós para los astronautas. Sobre ecología, límites y la conquista del espacio exterior*, Cuadernas/ Fundación César Manrique, Lanzarote, 2003.

61

civilización y nuestro actual modelo económico en unos «fundamentos extractivos, mineros» que obligan a un salto hacia el cosmos en busca de nuevos territorios para ser explotados una vez que se agoten los recursos de la Tierra. Dicho plan, que es el que implícitamente han elegido perpetrar nuestros gobernantes, participa de una suerte de «movimiento antropófugo» que supondría despojarnos de la condición humana: dar la bienvenida al hombre-máquina, abrazar la inteligencia artificial hasta el punto de que nos sustituya, y conquistar el espacio exterior. Este sinsentido, que la antropóloga Yayo Herrero ha analizado meticulosamente en la figura de Elon Musk, cuya estrategia para «salvar» a la humanidad consiste en dejar morir a la mayoría y trasladar a la élite a Marte, donde vivirían en cavernas gélidas y reciclando sus heces, es el que habría que cuestionar, junto a la difusión de herramientas culturales y políticas que nos conduzcan a evitar lo peor.[1]

Lo más eficiente en términos existenciales sería, por tanto, rescatar las enseñanzas de quienes, extemporáneos y casi solitarios, se

1. En La Base #43: «Elon Musk: qué buena gente son los ricos». Disponible en varias plataformas.

afanaron en investigar los cauces demoledores del *statu quo* y, con ellas, arcillar nuevos lenguajes a través de los cuales rellenar la oquedad en la que respira esa incomprensión intergeneracional hasta asfixiarla de cuajo. Al fin y al cabo, y reconociendo la sima, tender puentes es mucho más productivo que, de un lado, matar al padre y abandonar su cadáver a la intemperie esperando que la demografía mermada de los buitres se lo coma, o que despreciar a los jóvenes llamándolos «generación de cristal», adictos a las series, la fiesta y los móviles, un colectivo educado en una promesa de abundancia material y valores capitalistas que, siendo el más preparado de la historia, ha aterrizado en ella con el guion trastocado y una bandera roja que dice claramente: *cortoplacismo*, absténganse de dibujar el más mínimo porvenir porque les hemos arrebatado la línea de fuga, su lienzo lo compondrá un paisaje unidimensional en blanco y negro, se le insultará por trazar una simple mota de color que remedie su sensación de angustia; si intenta transformar ese encefalograma plano pictórico se le criminalizará e intervendrá la fiscalía y, si se queja de que la única dimensión solo admite pictogramas y no personas de carne y hueso, se le darán pastillas con cuya ingesta aguantar estoico las múltiples embestidas. Con suerte, el duelo y la melancolía son susceptibles de adoptar propiedades camaleónicas y mutar en poderosos idiomas con los que tejer cosmovisiones alternativas.

Nuevos lenguajes

> La historia es un material; es como la arcilla... La puedes moldear, como quieras; puedes abusar de ella.
>
> ANSELM KIEFER

«Me llamo Samuel y estoy aquí porque tengo pánico a la crisis climática» son las palabras con las que dio comienzo una acción de desobediencia civil llevada a cabo en el Museo del Prado en noviembre de 2022. En el vídeo que la recogió puede verse a este activista de la organización Futuro Vegetal pegándose con Loctite al marco de *La maja vestida* de Goya, mientras su compañera hacía lo propio en el de *La maja desnuda* tras haber grafiteado la pared con el siguiente mensaje: + 1,5 ºC, un recordatorio de que la comunidad científica ya da por perdido el objetivo marcado por el Acuerdo de París de no sobrepasar el grado y medio de aumento de la temperatura global. Los gritos escandalizados de los visitantes no tardaron en inundar la sala de la pinacoteca: «¡Fuera!, ¡sinvergüenzas!», se desgañitaron aquellos ciudadanos para quienes la protesta era inadmisible, irrespetuosa, digna de una furia desproporcionada a pesar del poco daño que los muchachos habían causado a las obras.

Desde entonces, me he estado preguntando el motivo de esa respuesta desmedida y, en general, por qué la opinión pública ha reaccionado con tantísima inquina a los actos que distintos grupos ecologistas han realizado últimamente en museos de todo el mundo, si ni se destrozaban los lienzos, ni venían acompañados de ningún tipo de violencia. Lo que en principio no parece más que un ejemplo de desesperación que persigue llamar la atención, subrayar de manera impactante unos saberes que ya circulan en todos los medios (las razones en torno al 1,5 ºC), ha sido capaz de erizarle la piel a comentaristas e intelectuales de distintos puntos del espectro político que han expresado un repudio visceral, más estruendoso en algunos casos que frente a violaciones de los derechos humanos, como si en una gota de pegamento o en una lata de comida (como las arrojadas contra el cristal de cuadros de Van Gogh o Monet) se condensara la peor tropelía posible. Mi respuesta, siempre provisional, apunta a varios factores. En primer lugar, la audacia que destila una aproximación al arte que no se encuadre en un contexto de admiración sino, más bien, en uno de profanación para atraer las miradas, los oídos, hacia otro asunto, es intolerable para una población que ha conceptualizado las pinacotecas como espacios sagrados, inviolables, paradigma de la superioridad de nuestra civilización. En este sentido, es interesante comprobar cómo los activistas nunca han dirigido sus acciones contra objetos artísticos que no representasen, de alguna manera, las cumbres del progreso occidental: ni máscaras africanas, ni monumentos indígenas han sufrido ataques, por lo que podría pensarse que la finalidad perseguida es acusatoria y remite a nociones contemporáneas de lo que creemos infalible: la racionalidad eurocéntrica que nos ha llevado a la catástrofe, la línea civilizatoria que parte de los clásicos grecorromanos, cuajó durante el Renacimiento y se fortificó en la Ilustración. De ella surge asimismo la noción de decoro que queda hecha añicos tras el pegamento o las latas: los jóvenes –lo son, en su mayoría– se han empeñado en dilucidar qué es un buen ciudadano y qué no, dónde se dibuja la línea entre lo que tradicionalmente se ha juzgado un comportamiento respetable y su contrario. ¿Es decorosa la inacción frente a la crisis ecosocial, el ocio museístico mientras los bosques se queman o talan, la multiplicación de informes de expertos durante medio siglo o la celebración de cumbres climáticas que, año tras año, demuestran una inutilidad apabullante? ¿Qué clase de estrategia comunicativa implementar si los canales habituales no han surtido efecto? Como decía el poeta brasileño Carlos Drummond de Andrade: «¿Puedo, sin armas, rebelarme?». La elaboración de nuevos lenguajes que logren perforar las conciencias como no lo han conseguido todos los anteriores está detrás de estas *performances* reivindicativas; la prueba estriba en que, a pesar de la antipatía que engendran, o precisamente por eso, el eco mediático ha sido atronador. Pero hay más.

Trasladar los brazos del activismo a lugares en principio desconectados de sus propósitos (no estaban bloqueando gasolineras o paralizando el funcionamiento de una macrogranja, como exigía mucha gente en las redes: algo que les permitiera vislumbrar el vínculo de la lucha climática con los «verdaderos» culpables) evoca un sentimiento de catástrofe ubicua, de riesgos para la vida en todos sus ámbitos, y apela a una responsabilidad ciudadana que debería ser asimismo omnipresente, como queriendo decir: tú, hombre o mujer *normal*, esto te incumbe. A su vez, las acciones en museos apuntan a un discurso más que legitimado en la historia del pensamiento occidental. Muchos han sido los intelectuales que han interrogado quién puede o no crear en mitad de tragedias brutales y con qué finalidad: desde el filósofo judío Theodor W. Adorno, que afirmó que la poesía, después de Auschwitz, era un acto barbárico, lo cual se tradujo posteriormente a otras expresiones, como que era imposible el arte tras el Holocausto, hasta el escritor cubano Alejo Carpentier o la filósofa andaluza María Zambrano, ambos descorazonados por el terror que se desvendó durante la Guerra Civil española y la impotencia de las letras frente a las armas. Que a raíz del fascismo se produjese un corpus amplio de literatura destinado a poner en tela de juicio los ideales de la Ilustración (¿ilustrados quienes lubricaron esa máquina de matar?) es aceptado socialmente e incluso esos debates se han traslada-

do a los temarios universitarios; que un conjunto de chavales transmitan unas reflexiones
análogas respecto a la debacle que puede ter-
minar en un genocidio de la especie humana y
ya ha exterminado a buena parte de la vida
–vegetal y animal– provoca escándalo, ira, de
nuevo: incomprensión, especialmente entre
los sectores de más edad, que suelen ser también los más beneficiados por el capitalismo.

Esa exploración de la supuesta victoria del
raciocinio en mitad de la devastación de ecosistemas y una estabilidad climática cada vez
más precarizada que ya está causando la pérdida de innumerables cosechas quedó enfati-
zada en las acciones donde se lanzaron latas
de comida a distintos cuadros, como una manera de contraponer el hambre actual, las ne-
cesidades fisiológicas más imperiosas –ali-
mentarnos, respirar–, al carácter eterno que
habitualmente se atribuye al arte: frente a re-
presentaciones pictóricas que adquieren den-
sidad interpretativa con el tiempo, que revalo-
rizan su carácter pecuniario en el mercado
conforme van transcurriendo las páginas del
calendario, los activistas resaltaron la inme-
diatez que impone un problema polifacético
que no solo pasa por las emisiones de gases de

efecto invernadero, sino también por la crisis de biodiversidad y la superación del límite seguro de sustancias químicas. Remitiéndose insistentemente a esa línea ininterrumpida de progreso y con ambiciones de mejora con la que usualmente se representa el tiempo histórico, aquí simbolizado en los objetos de varias pinacotecas, el grupo de ecologistas avisa de que «no hay tiempo», según el conocido lema de distintas organizaciones, y evidencia sus coordenadas dislocadas, el cortoplacismo, la inoperante teleología que ha nutrido el relato hegemónico los últimos siglos, el corte en seco de proyectos que no estén enraizados en lo más importante: parar la máquina. No es ninguna coincidencia que asuman la posibilidad de ser arrestados y muchos hayan pospuesto o descartado otros planes ajenos a la batalla contra el destrozo climático, tales como comprarse una casa (si acaso se la pueden permitir), tener hijos o buscar un trabajo estable. Es más, algunos han dimitido de sus empleos relativamente cómodos para dedicarse en cuerpo y alma al activismo, como el doctor en física y matemática Mauricio Misquero, a quien pudo escucharse sollozar en el acto de desobediencia civil celebrado el 6 de abril de 2022 en las escalinatas del Congreso de los Diputados. Pavor y planto como emblemas de una generación, quizá no solo seamos los primeros en vivir peor que nuestros padres, sino, sobre todo, los primeros en articular otra noción de vida, en impulsar el cambio civilizacional más radical y necesario en centurias.

Politizar el dolor

> Tenemos que rescatar la vida de nuestro planeta, pero nos estamos rescatando unos a otros.
>
> JOANNA MACY

Samuel dijo «pánico»; Mauricio directamente lloraba. Recuerden que nos encontramos rebozados en el cenagal de la laguna Estigia balbuceando penurias, que nuestras gramáticas habituales han sufrido un cortocircuito y somos Pulgarcitos desorientados en el bosque sin migas de pan, faltos de brújula. Punzados por una melancolía que puede ser desmovilizadora y remolcarnos con ella a profundidades indeseables, también puede ocurrir que nos alcemos a identificar la razón de la carencia o incluso su rostro visible y, allí donde al objeto perdido se le adjudica un nombre, abrazar un duelo del que prospere un proyecto, una meta, aun con altos y bajos en el camino. Sería ingenuo –e irresponsable– izar un optimismo desnudo o desplegar un misterwonderfulismo más propio de la psicología positiva, pero hay un salto cualitativo desde la depresión al malestar contenido, donde a veces habitan semillas imprevistas.

Las circunstancias actuales, como ya se ha analizado, han desencadenado una serie de fenómenos sociales que ocasionalmente se concretan en la añoranza del pretérito capitalista idealizado, menos inicuo que el de ahora dependiendo del mapa; otras vierten una nostalgia climática que nos devuelve una era de menor calentamiento, menos moléculas de dióxido de carbono en la atmósfera, más insectos estrellados en el limpiaparabrisas; y otras otean el horizonte con un temor justificado. Estos síntomas responden a esa nueva normalidad que debemos asumir, aunque no pasivamente, y aquí es donde el duelo es capaz de galvanizar una respuesta que haga del dolor herramienta sin pretender necesariamente erradicarlo. El dolor como compañía segura asimilado en la receta de otra cosa es lo que propone Judith Butler cuando asevera que existe una dimensión de la vida política en estricta relación con nuestra exposición a la violencia. Si se asume que partimos de una vulnerabilidad intrínseca en cada ser humano y se reconoce la aflicción inherente a ella, es posible la creación de una comunidad política que las trascienda y permita forjar propósitos colectivos: «El duelo tiene que ver con estar de acuerdo con someterse a una transformación», expone, por cuanto perder algo o a alguien implica deglutir esa pérdida en el cuerpo propio, incorporarla, y extraer de esas nuevas coordenadas los ingredientes para la formación de una comunidad, de igual manera que, cuando se nos muere un familiar, se nos torna imprescindible ritualizar su desaparición en sepelios, misas, velatorios y flores en los que se juega no solo la memoria individual del ser querido, sino especialmente los lazos entre quienes la construyen juntos y el significado de esa unión. Así, de acuerdo con la filósofa, partiendo de la concepción vulnerable de nosotros mismos, surge una potencialidad política cuyo mayor poder reside en la elaboración de la interdependencia y una ética que interpela a la responsabilidad.[1] Los parámetros que traza Butler aportan multitud de pistas útiles a la hora de enfrentarnos a una crisis de tal calado que es casi imposible definirla sin añadirle una ristra de adjetivos: climática, económica, de salud pública o energética. El lodo es, sin duda, sistémico, de ahí la complejidad de erradicarlo, pero al librarnos de la obligación de ser fuertes, de fingir que las cosas van bien y asumir un «si quieres, puedes» que solo redunda en un individualismo a todas luces banal, inútil, se abren nuevas posibilidades.

Así, la teoría de Butler desbanca la culpabilidad frente a la ecoansiedad –esa patología cada vez más frecuente–, y el desencanto o el mismo sufrimiento transmutarían en materia prima para la acción. Sin que la debilidad adquiera connotaciones negativas, es posible asumir el carácter finito de nuestros propios cuerpos, en cuya negación enraíza a menudo la incapacidad de pensar el planeta igualmente como finito –es decir, de aceptar los límites biofísicos del crecimiento (industrial, económico)–, y repu-

---

1. Judith Butler, *Precarious Life. The Powers of Mourning and Violence*, Verso, Londres, 2004. (Edición española: *Vida precaria. El poder del duelo y la violencia*, Paidós, Buenos Aires, 2006, traducción de Fermín Rodríguez.)

diar la facticia aventura espacial que insisten en vendernos. Por otra parte, ese dolor compartido decapita el mantra tan asumido por los medios según el cual no se pueden contar los grandes desafíos actuales sin un toque «ilusionante», «motivador», como si luchar contra la desigualdad económica o la miríada de facetas del destrozo terráqueo tuviese que asemejarse al escaparate de un centro comercial, o al catálogo de una agencia de viajes: ¡un universo apasionante de parajes exóticos te espera!, ¡compra nuestro paquete! Por último, habitar la vulnerabilidad e incorporarla por lo que implica de proyecto comunitario desemboca en una mudanza de los principales marcos de referencia, del pensamiento hegemónico que actúa como corsé; el mismo que, cuando hemos intentado desatarlo, o bien se ha visto criminalizado por su nueva holgura, o bien desprendía vergüenza.

Vivir mejor que nuestros padres pasa por rescatarnos de un paradigma obsoleto que ha perdido toda legitimidad, ha fallado en la distribución de derechos que prometía, ha dilapidado una naturaleza de la que somos parte, y ha engendrado una soledad patologizada desde la que es difícil elevar cualquier esperanza. Pero el miedo se puede reajustar en relatos alternativos que no se retrotraigan a un hipotético paraíso perdido y, como sucede ante una amenaza inminente, ese cuerpo que lo contiene es capaz de acelerar su circulación, proveer más oxígeno a unas células que deciden en milésimas de segundo cómo actuar, activar sus músculos y dirigirse rápidamente hacia un refugio, donde también quepan los muchos *boomers* errados. Privados de cualquier expectativa en el universo que se desmorona, parece imperativo no elevar la colección museística que lo encomie en mitad de un charco de lágrimas, sino hacer de ese líquido otra sangre, nido amniótico que alimente el futuro y no bálsamo para la ruina. Los nuevos lenguajes se tejerían con el objetivo de desterrar los viejos templos, arrinconar su detrito y abonar el terreno que yace debajo, susceptible de convertirse en fértil. Sin embargo, todo ello implica inexorablemente sanar esa fractura generacional que he querido bosquejar en este libro, y que cada día reconocen más personas de edad relativamente avanzada, no tanto para fustigarse –porque, otra vez, esto conllevaría caer en un individualismo contraproducente–, sino como parte de un proceso histórico en el que, debido a circunstancias tan arbitrarias como el nacimiento, les ha tocado participar.

A este respecto, Rafael Chirbes dejó escritas unas líneas desgarradoras que ayudan a aprehender los deletéreos legados de los que somos herederos: después de rememorar el antiguo paisaje valenciano poblado de huertos y arboledas, posteriormente convertido en ejército de edificaciones mastodónticas, vertederos y chalés, el escritor se para en seco y apunta: «Es la obra de mi generación, la de los que íbamos a transformar el mundo, los que levantaban los adoquines de los bulevares de París, los ideólogos del 68». Qué ocurrió con aquellos anhelos revolucionarios de igualdad y justicia social, abandonados a su suerte o utilizados en eslóganes de mercancías insulsas, es algo que no explica, pero sí esgrime una conclusión lapidaria que, esta vez en tercera persona, incrimina directamente a algunos de sus contemporáneos: «Son Saturnos. Se están comiendo a sus hijos entre dos rebanadas de cemento».[1] Este canibalismo filicida no solo cristaliza en el hecho concreto, sino que también ha constituido cosmovisiones de dominación socialmente aceptables, ha forjado personalidades y

1. Rafael Chirbes, *Diarios. A ratos perdidos 3 y 4*, Anagrama, Barcelona, 2022.

valores morales (lo bueno y lo malo se juegan en los destrozos urbanísticos, los naranjales arrancados, los vuelos, los índices bursátiles: todo suma), ha sitiado la imaginación política y ha configurado maneras de ver y poblar el mundo incompatibles con su existencia.

Años después, el científico Antonio Turiel, posiblemente quien mejor ha analizado la crisis energética y los fallos de la llamada transición ecológica en España, se refería a los jóvenes como un colectivo sin futuro, al que únicamente le esperan trabajos de mierda y un planeta devastado; un grupo de chavales que si a veces adoptan una «actitud nihilista y se encierran en paraísos artificiales en los móviles es porque están desesperados». Corta el aliento escucharlo, tan afligido como honesto, y muy probablemente con la imagen de sus hijos en la cabeza, hablar en estos términos, como si quisiera reflejarse en las palabras de Chirbes, pero es más duro aún asistir al deseo de acercamiento a los jóvenes que propone, el cual solo puede partir de una premisa: «Primero de todo: tenemos que pedirles perdón».[1]

1. Intervención en el festival Rototom, panel sobre decrecimiento: <https://www.youtube.com/watch?v=sAItTHFG-NKg>.

Este dolor, que ya parece capilarizar tantas briznas de cuerpo, al que se debe trazar una genealogía, interrogarlo, desmenuzarlo, dibujarle rutas y coordenadas para que sus rasgos no se pierdan en la nube borrosa que exonera de responsabilidad y somete a la angustia, es indispensable en la búsqueda conjunta de alternativas.

Badajoz, 6 de enero de 2023

Agradecimientos

Este libro parte de un chispazo que, como el fósforo que roza la raspadura de la caja varias veces hasta que prende, debe su origen a la revista *La Marea*. Aquí he podido experimentar con muchas de las ideas recogidas en estas páginas, y aquí fue donde publiqué un artículo homónimo que actuó como germen de lo demás. *La Marea* ha sido también una fiesta perpetua por la que han ido pasando personas que accedieron a compartir sus conocimientos conmigo en numerosas entrevistas, como Mauricio Misquero, Fernando Valladares, Marta Tafalla, Andreu Escrivà, Dave Goulson y Tim Jackson. A todos ellos, y a Magda Bandera, heroína del periodismo independiente y directora de la revista, mil gracias. Debo también mi ánimo de ensayista a la confianza de Isabel Obiols, editora de Anagrama, y a la inspiración que siempre me ha generado la obra de Remedios Zafra, con quien pude mantener muchas conversaciones que fueron clave para articular mi pensamiento. La labor activista incansable de Juan Bordera, su amistad, su manera de tender puentes también se tornaron imprescindibles. Además, él ha sido una de las muchas personas que no dudaron en abrirme las puertas cuando, ante la perspectiva del retorno a España, me encontré perdida y sin saber cómo aterrizar; otras que merecen mi gratitud son Alberto Garzón, quien me invitó a un acto donde los problemas que analizo se debatieron y pude entablar diálogos muy fructíferos con Jason Hickel y Yayo Herrero, a quienes también tengo en alta estima, y Olga Rodríguez, tan atenta a mi regreso con los brazos igualmente abiertos. Mis deudas son inabarcables y me permitirá la lectora que prosiga con Gonzalo Torné, quien siempre ha apoyado mi escritura, y con Jorge Riechmann, un ser bondadoso del que no paro de aprender y alguien que debería haber ganado ya como mínimo el Premio Cervantes por estudiar una crisis climática devastadora (casi) desde los inicios. Jorge me puso en contacto con Antonio Orihuela, poeta y ensayista incisivo que movilizó cielo y tierra para que yo pudiera acudir al festival Voces del Extremo, en Moguer, y continuar alimentando afectos: allí conocí a Ángel Calle, otro poeta, cooperativista y devoto de la agroecología, culpable de mi estancia en el Valle del Jerte y las impresiones que pude llevarme de esa piel rural, el compromiso y el trabajo de su gente en pro de la soberanía alimentaria. Gracias también a Yuyi y a Irene de Miguel, por su acogida y enseñanzas sobre el campo. Se preguntaba el narrador griego emigrado Theodor Kallifatides si es posible ser escritor sin traicionar a alguien, a propósito de las frases que robaba de otros y las experiencias que, perteneciendo a sus seres queridos, también le eran propias. Este libro bebe de innumerables encuentros con gente, mi gente más cercana, que jamás pensó que acabaría retratada en un relato publicable. Cuando la privacidad se hace pública y se convierte en masa madre para el pan vendible, una debe reconocer esta dependencia, así que quiero transmitir mi profundo cariño y aprecio a mamá, al tito Pepe, a mis vecinas, a los amigos de biografía incierta y cañas y barro (las cañas, cerveceras, y el barro, generacional), a mi antiguo director de tesis, a mi hermana y a su bebé, quien tanto me hace pensar en el futuro. Por último, rindo pleitesía a Marco, el inconfundible amante que me aguanta y goza desde hace más de trece años, me quiere y se deja querer, y es lo más parecido a una brújula que pudiera desear, aunque la mayoría de las veces nos perdamos juntos: amor es poco, sin su presencia no habría semilla.

Índice

Nuevos cuadernos Anagrama

Impreso en Talleres Gráficos
LIBERDÚPLEX, S. L. U.,
ctra. BV 2249, km 7,4 - Polígono Torrentfondo
08791 Sant Llorenç d'Hortons